# Inhalt

**Neues Risikobegrenzungsgesetz - tatsächlich besserer Schutz für Unternehmen und Kreditnehmer?**

Kernthesen

Beitrag

Fallbeispiele

Weiterführende Literatur

Impressum

GENIOS WirtschaftsWissen Nr. 08/2008 vom 06.08.2008

# Neues Risikobegrenzungsgesetz - tatsächlich besserer Schutz für Unternehmen und Kreditnehmer?

*G. Dengl*

## Kernthesen

- Finanzinvestoren, Hedge Fonds und Private Equity Firmen haben in der jüngeren Vergangenheit durch den gezielten Einsatz bestimmter Finanzinstrumente immer wieder Gesetzeslücken ausgenutzt - zum Nachteil von Unternehmen und privaten

Kreditnehmern.
- Durch das Risikobegrenzungsgesetz sollen diese Gesetzeslücken nun geschlossen und die negativen Folgen bestimmter Finanzinstrumente gemildert werden.
- Im Ergebnis ist aus dem Gesetz ein schwacher Kompromiss geworden: Es ist weiterhin möglich, unbemerkt Beteiligungen an Unternehmen aufzubauen, und gegenüber privaten Kreditnehmer gibt es lediglich stärkere Informationspflichten.

## Beitrag

Das Risikobegrenzungsgesetz hat den Anspruch, Unternehmen besser vor kurzfristig denkenden Investoren und Verbraucher vor den negativen Folgen von Kreditverkäufen zu schützen. Ein Anspruch dem es in der gegenwärtigen Form kaum gerecht wird.

## Was sind die Schwerpunkte des Gesetzes?

Das "Gesetz zur Begrenzung der mit Finanzinvestitionen verbundenen Risiken (Risikobegrenzungsgesetz)" entstand eigentlich als Reaktion auf zwei Ereignisse der jüngeren

Finanzgeschichte.

Zum Einen die Beobachtung, dass insbesondere Hedge Fonds und Private Equity Firmen es immer besser verstehen, sich über innovative Finanzinstrumente an Unternehmen zu beteiligen, und zwar so, dass sie jeweils unterhalb gesetzlicher Meldepflichten bleiben. Die Beteiligungen bleiben deshalb lange Zeit unentdeckt, während die Investoren aber schon längst über ihre Stimmrechtsanteile wesentliche Entscheidungen der Unternehmen beeinflussen.

Zum Anderen wollte man eine offenkundige Gesetzeslücke schließen, nach der es bisher möglich war, Immobilienkreditverträge von säumigen Schuldnern zu kündigen und die noch nicht abbezahlte Immobilie sofort zu versteigern obwohl nur noch ein geringer Teil der Kreditsumme ausstand. Diese Gesetzeslücke, die es immer schon gab, wurde von inländischen Banken bisher nie ausgenutzt. Problematisch ist, dass Finanzinvestoren, insbesondere ausländische, keine moralischen Bedenken hegten, was zu Negativ-Publicity führte und das gesamte Geschäft des - eigentlich sinnvollen - Kreditverkaufs in Verruf brachte.

Das Gesetzt wurde vom Finanzausschuss des Bundestages Ende Juni beschlossen.

## "Heranschleichen" von Investoren

## soll erschwert werden

Die Rechte der Unternehmen gegenüber Finanzinvestoren und Beteiligungsgesellschaften (Private Equity Firmen) werden durch mehrere Maßnahmen gestärkt:
- Zunächst wird ein abgestimmtes Verhalten mehrerer Investoren (unerlaubtes "Acting in Concert") erschwert, um Fälle wie bei der Deutschen Börse auszuschließen. 2005 verhinderten mehrere Hedge Fonds die geplante Übernahme der Londoner Börse und sorgten dafür, dass Deutsche Börse Chef Werner Seifert seinen Job verlor. (5)
- Weiterhin müssen Investoren, die mit ihren Beteiligungen Meldeschwellen überschreiten und dies nicht melden, damit rechnen, ihre Stimmrechte zeitweilig zu verlieren. So muss ein Anteilseigner, der die Beteiligungsschwelle von zehn Prozent erreicht, künftig die Ziele seines Engagements und die Herkunft der Mittel offenlegen. (6)

## Spielraum für unbemerkten Beteiligungsaufbau bleibt erhalten

Dennoch bleibt ein großer Spielraum für einen unbemerkten Beteiligungsaufbau erhalten, da -

bedingt durch die unglückliche Regelung im Gesetz - wiederum nicht alle Stimmrechte für Beteiligungen zusammengezählt werden müssen. So gelten separate Meldepflichten für Finanzinstrumente und Stimmrechte aus Aktien. (1)

## Besserer Schutz bei nachträglichen Kreditverkäufen?

In den vergangenen Jahren haben viele Banken Immobilienkredite an Finanzinvestoren verkauft. Deren zum Teil dreistes Vorgehen bei der Verwertung solcher Darlehen hat den Kredithandel bei Verbrauchern in Verruf gebracht.
Solche Verkäufe werden durch das neue Gesetz indes nicht verboten, denn eine unnötige Erschwernis des Forderungsverkaufs hätte letztlich negative Auswirkungen auf die Volkswirtschaft und die Verbraucher.
Trotzdem sollen Kreditnehmer besser geschützt werden - so zumindest die ursprüngliche Absicht. Das Ergebnis ist aus Sicht von Verbraucherschützern ein lauwarmer Kompromiss:
- Bei allen Neuverträgen muss die Bank zukünftig deutlich darauf hinweisen, dass der Kredit verkauft werden kann.
- Drei Monate vor Ablauf der Vertragslaufzeit muss

dem Kunden entweder ein Folgeangebot unterbreitet oder ihm mitgeteilt werden, dass der Kredit nicht verlängert wird. Wird das Darlehen weiterverkauft, muss der Kreditkunde unverzüglich informiert werden.

## Keine Sonderkündigungsrechte

Die eigentliche Forderung der Verbraucherschützer bleibt unerfüllt, denn ein Sonderkündigungsrecht erhält der Kreditnehmer trotz allem allerdings nicht.
(4)
Und das ist vermutlich auch gut so.
Branchenexperten fanden derlei Forderungen von Anfang an überzogen, hier würde versucht, mangelnde Kenntnisse des Finanzmarktes durch populistische Hetze zu kompensieren.
Der Vorschlag beispielsweise, dass jeder Verbraucher dem Verkauf seines Kredits zustimmen muss, war ohnehin realitätsfern. Der bürokratische Aufwand wäre unverhältnismäßig, betriebswirtschaftlich sinnvolle Verkäufe von Portfolios wären unmöglich geworden. Darunter hätten relativ schnell hauptsächlich gute Kunden zu Leiden gehabt, da Banken so die Möglichkeit genommen worden wäre, faule Kredite abzugeben und für neues, gesundes Geschäft Platz zu machen.
Ähnliches wäre auch im Falle des

Sonderkündigungsrechts für Kunden im Fall eines Kreditverkaufs eingetreten. (3)

# Fallbeispiele

## Schaefflers Einstieg bei Continental - ein cleverer Schachzug?

Die Schaeffler KG hatte sich den Zugriff auf etwa acht Prozent der Continental-Aktien gesichert, und für weitere 28 Prozent jederzeit einseitig kündbare Swaps abgeschlossen. Durch diese Aufteilung auf verschiedene Finanzinstrumente wurde keine der geltenden Meldeschwellen überschritten. Kritische Branchenexperten sprechen von einem "Anschleichen", da der faktisch gegebene kontrollierende Einfluss verschleiert wurde. (7), (9) Pikant: durch die geschickte Zusammenstellung von Beteiligungen über immer neue Finanzinstrumente wird es auch weiterhin - also auch nach Inkrafttreten des Risikobegrenzungsgesetzes, möglich sein - sich Meldepflichten zu entziehen. (10)

## Sparkassenverband will beschwichtigen

Wie schlecht die Stimmung derzeit vor allem bei privaten Immobilienkredit-Kunden von Sparkassen ist, lässt sich bereits an den Anstrengungen erkennen, die der Sparkassenverband unternimmt, um diese zu beschwichtigen. Die Sparkassen-Organisation ist darum bemüht klarzustellen, dass die Kreditverkäufe aus der Vergangenheit lediglich Kunden betrafen, die dauerhaft und wiederholt im Zahlungsverzug waren, und dass natürlich auch zukünftig keine Kredite verkauft würden, solange diese ordnungsgemäß bedient würden. Ob dieses Versprechen eingehalten werden kann, weiß heute jedoch noch keiner, denn auch ein Verkauf "gesunder" Kredite kann betriebswirtschaftlich Sinn machen oder notwendig sein. (8)

## Weiterführende Literatur

(1) Das Anschleichen an Zielgesellschaften wird schwieriger Neuregelung wird Meldepflichten und Schwellen verschärfen - Doch es bleibt ein Spielraum für unbemerkten Beteiligungsaufbau
aus Börsen-Zeitung, 28.05.2008, Nummer 100, Seite 2

(2) Für klare Strukturen und mehr Spielraum Das Risikobegrenzungsgesetz soll Banken dazu zwingen, auch nichthandelbare Kredite anzubieten. Das soll Unternehmen vor aggressiven Finanzinvestoren bewahren und die Transparenz für sie erhöhen - Experten bezweifeln jedoch, dass das Gesetz wirkt
aus Financial Times Deutschland vom 17.04.2008, Seite SB4

(3) Sicherheit für Kreditverkäufer
aus Financial Times Deutschland vom 30.06.2008, Seite 17

(4) Steinbrück brüskiert Verbraucherschützer Keine Sonderkündigungsrechte bei Kreditverkauf
aus Financial Times Deutschland vom 09.06.2008, Seite 11

(5) Finanzgesetze auf der Zielgeraden Einigung beim Risikobegrenzungsgesetz - Kreditnehmer besser schützen
aus Börsen-Zeitung, 18.04.2008, Nummer 75, Seite 7

(6) Koalition mildert Meldepflichten für große Finanzinvestoren Hauptversammlung soll entscheiden - Option im Risikobegrenzungsgesetz
aus Börsen-Zeitung, 15.03.2008, Nummer 53, Seite 7

(7) Schaefflers Trickserei
aus Frankfurter Allgemeine Zeitung, 16.07.2008, Nr. 164, S. 20

(8) "Vertragstreue Kunden behalten in jedem Fall ihre Sparkasse als Kreditgeber"
aus Zeitschrift für das gesamte Kreditwesen 03 vom 01.02.2008 Seite 104

(9) Angreifer können sich hinter Finanzinstrumenten verstecken
aus Frankfurter Allgemeine Zeitung, 30.07.2008, Nr. 176, S. 19

(10) Einkauf zum Schnäppchenpreis Schaeffler sucht günstigen Einstieg bei Continental - Umstrittener Paketaufbau
aus Börsen-Zeitung, 16.07.2008, Nummer 135, Seite 9

# Impressum

## Neues Risikobegrenzungsgesetz - tatsächlich besserer Schutz für Unternehmen und Kreditnehmer?

**Bibliografische Information der deutschen Nationalbibliothek**

Die Deutsche Nationalbibliothek verzeichnet diese Publikation in der deutschen Nationalbibliografie; detaillierte bibliografische Daten sind im Internet über http://dnb.d-nb.de abrufbar.

ISBN: 978-3-7379-0477-3

© 2015 GBI-Genios Deutsche Wirtschaftsdatenbank GmbH, Freischützstraße 96, 81927 München, www.genios.de

Alle Rechte vorbehalten. Dieses Werk ist einschließlich aller seiner Teile – z.B. Texte, Tabellen und Grafiken - urheberrechtlich geschützt. Jede Verwertung außerhalb der Grenzen des Urheberrechtsgesetzes bedarf der vorherigen Zustimmung des Verlags. Dies gilt insbesondere auch für auszugsweise Nachdrucke, fotomechanische

Vervielfältigungen (Fotokopie/Mikroskopie), Übersetzungen, Auswertungen durch Datenbanken oder ähnliche Einrichtungen und die Einspeicherung und Verarbeitung in elektronischen Systemen.